ALESSIO, BUEN AMIGO DEL SR. TIPO, NO ESCONDE SUS ORÍGENES ITALIANOS. SUELE VISITARLO CUANDO TIENE PREOCUPACIONES TIPOGRÁFICAS. AL FINAL DE ESTE LIBRO SE OFRECE MÁS INFORMACIÓN SOBRE ÉL.

TILDE

ALESSIO

TILDE (ALIAS DE MONSIEUR CHIEN) ES LA PERSONIFICACIÓN DE LA SABIDURÍA Y, CON SUS AGUDOS COMENTARIOS, ENSEGUIDA PONE EN CLARO LAS COSAS. DE PENSAMIENTO RÁPIDO E INCLINADO A LA EXPERIMENTACIÓN, DISFRUTA COLABORANDO CON EL SR. TIPO COMO ASISTENTE.

RATÓN

RATÓN ES DESCARADO, SURREALISTA Y PRAGMÁTICO. CONTRIBUYE CON SUS OPINIONES A QUE LAS IMPORTANTES NOCIONES SOBRE TIPOGRAFÍA Y DISEÑO QUE LLENAN ESTE LIBRO SE SITÚEN EN SU MARCO ADECUADO: COMO CONOCIMIENTOS INTERESANTES PERO NO VITALES.

ALESSIO LEONARDI

SR.TIPO
UNA
NOVELA
TIPOGRÁFICA

¿QUÉ ES EN REALIDAD LA TIPOGRAFÍA?

4

LOS INGREDIENTES DE LA TIPOGRAFÍA SON COMO LA CARNE Y LAS VERDURAS DE UNA COCINA VISUAL.

NATURALMENTE, LAS LETRAS SON EL INGREDIENTE MÁS IMPORTANTE...

... PARA LOS TIPÓGRAFOS. HAY QUE AÑADIR LOS COLORES, LAS FORMAS, LAS LÍNEAS, EL ESPACIO. TODOS ESOS ELEMENTOS QUE SIRVEN PARA DISEÑAR...

... TANTO EN MEDIOS IMPRESOS COMO EN MEDIOS DIGITALES.

LAS COMBINACIONES POSIBLES SON TAN ILIMITADAS COMO LA FANTASÍA DEL DISEÑADOR... ¡O EL COCINERO!

UNO PUEDE INCLUSO SENTIRSE UN POCO PERDIDO Y DESEAR TENER UNAS REGLAS CLARAS..., UNA ESPECIE DE RECETARIO DE COCINA.

PERO NO OS PREOCUPÉIS: TENÉIS AYUDA; DEMOSTRAREMOS QUE PARA LA BUENA TIPOGRAFÍA TAMBIÉN HAY REGLAS Y RECETAS...

¡Y QUE PRIMERO HAY QUE CONOCER LAS REGLAS PARA SALTÁRSELAS LUEGO CON LA CONCIENCIA TRANQUILA!

LETRA
COMO TIPÓGRAFO, A VECES SOLO VEO LAS LETRAS..., COMO SI ESTAS FUERAN LOS ÚNICOS INGREDIENTES DE LA TIPOGRAFÍA...
¡MAL HECHO!
¡VENID! ¡NOS TOCA!
¿CÓMO? ¡YA!
¿NO DEBERÍAMOS SER LAS ÚLTIMAS, COMO LA GUINDA?
ASÍ ES. PORQUE, AUNQUE SEAN EL MÁS IMPORTANTE, LAS LETRAS SON SOLO UN COMPONENTE BÁSICO DE LA COCINA TIPOGRÁFICA...
¡ASÍ SE HABLA!
¡JO! ME PRECIPITÉ.
NO TE DESANIMES: SOMOS IMPORTANTES, ¿NO HAS OÍDO?
ENSEGUIDA NOS LLAMARÁN.
VEAMOS PRIMERO EL RESTO DE INGREDIENTES. LUEGO SEGUIREMOS CON LAS LETRAS.
EJEM... A PROPÓSITO DE SEGUIR. NO TE GIRES, PERO NO ESTAMOS SOLOS.

las FORMAS

ESTAMOS RODEADOS DE FORMAS DE TODO TIPO: SENCILLAS Y COMPLEJAS, BLANDAS Y DURAS, ABIERTAS Y CERRADAS.

PARA COMPRENDER Y PERCIBIR TAL VARIEDAD, NUESTRO CEREBRO LAS REDUCE A FORMAS BÁSICAS: CÍRCULOS, RECTÁNGULOS Y TRIÁNGULOS.

¿TENÍA QUE SER AHORA?

VAYA, VAYA... ESTA SE CREE MUY ESPECIAL.

Y EN REALIDAD NO ES MÁS QUE UNA COMBINACIÓN DE TRIÁNGULOS.

¡UY!

EL CEREBRO RECONOCE FIGURAS GEOMÉTRICAS BÁSICAS QUE NO APARECEN EN LA NATURALEZA. DE ESTE MODO, PODEMOS ORDENAR LAS FORMAS DEL ENTORNO Y TODAS LAS FIGURAS COMPLEJAS PUEDEN SER LEÍDAS COMO COMBINACIONES DE FORMAS BÁSICAS.

POR CIERTO, UN CONSEJO PARA DISEÑADORES: LAS FORMAS SIMPLES SON MÁS FÁCILES DE RECONOCER Y SE RETIENEN MÁS RÁPIDAMENTE EN LA MENTE.

SON UNAS COMPAÑERAS ÚTILES Y SERVICIALES.

SON PODEROSAS. PUEDEN CREAR VÍNCULOS ENTRE ELEMENTOS AISLADOS...

... O SEPARARLOS PARA SIEMPRE.

¡KIII-AAAAH!

¿QUÉ TAL TE VA, PUNTO?

¡JE, JE!

BUF, ME SIENTO APARTE...

¡UNO NO DEBERÍA PELEARSE NUNCA CON UNA LÍNEA!

EN CONTRA DE LA OPINIÓN HABITUAL ENTRE LOS MATEMÁTICOS, LAS LÍNEAS NO SOLO TIENEN UNA DIMENSIÓN, SINO DOS: PUEDEN SER FINAS O GRUESAS.

¡MIRA QUE ESTÁ GORDA...!

LAS LÍNEAS ORDENAN, ACLARAN ESTRUCTURAS, AÍSLAN, UNEN O INCLUSO SUBRAYAN.

PUNTEADAS (......) O COMBINADAS CON UN SÍMBOLO DETERMINADO, HASTA LLEGAN A SEPARAR PARTES ENTERAS DE UN IMPRESO.

¡ESPACIO!

SE REFIERE A QUE NUNCA HAY QUE OLVIDAR QUE TODOS LOS ELEMENTOS DE LA TIPOGRAFÍA NECESITAN SU ESPACIO VACÍO PARA DESTACAR. ¡COMO ELEMENTO DE DISEÑO ES CASI TAN IMPORTANTE COMO LA LETRA!

TRABAJAMOS CON DOS SISTEMAS DE COLOR QUE SE BASAN EN MODELOS DISTINTOS: **CMYK** EN IMPRESIÓN...

... Y **RGB** EN PANTALLA.

CMYK SIGNIFICA 'CIAN', 'MAGENTA', 'YELLOW' (AMARILLO) Y 'NEGRO' (LA K), Y SE UTILIZA PARA LOS CONTRASTES. *

RGB = 'RED' (ROJO), 'GREEN' (VERDE) Y 'BLUE' (AZUL).

LOS DOS MODELOS NO SOLO SE DIFERENCIAN POR EL NÚMERO DE LOS COLORES UTILIZADOS...

EN RGB NO SE UTILIZA EL NEGRO.

... SINO BÁSICAMENTE POR SU ESTRUCTURA.

* LA LLAMADA "PROFUNDIDAD DE COLOR".

RGB ES UN MODELO DEL SISTEMA DE COLOR ADITIVO. DE LA MEZCLA DE LOS COLORES BÁSICOS SURGEN TODOS LOS TONOS POSIBLES. LO IMPORTANTE ES QUE CUANTO MAYOR ES EL VALOR DE UN COLOR, MÁS CLARO ES EL TONO.

LA MEZCLA DE LOS TRES COLORES BÁSICOS EN SU INTENSIDAD MÁXIMA PRODUCE EL BLANCO.

CUANDO EL VALOR DE LOS TRES COLORES BÁSICOS ES CERO, SE OBTIENE EL NEGRO.

FORMATOS

TODOS LOS ELEMENTOS DE LA TIPOGRAFÍA DEBEN ENCONTRAR SU LUGAR EN UN FORMATO.

¿QUÉ ES UN FORMATO?

¡PSSS, PSSS!... ¿QUIERES COMPRAR NUEVOS FORMATOS?

GRAN CALIDAD A BUEN PRECIO.

EL FORMATO ES EL TAMAÑO Y LA FORMA CON LOS QUE UNO QUIERE TRABAJAR. POR REGLA GENERAL SE TRATA DE SUPERFICIES RECTANGULARES CUYOS LADOS SE COMBINAN EN DETERMINADAS PROPORCIONES.

ESTAS PROPORCIONES DEFINEN EL FORMATO.

EEEH, SÍ... O DICHO MÁS CLARO...

HAY FORMATOS ESTRECHOS Y ALTOS... O BAJOS Y ANCHOS.

SE PUEDEN UTILIZAR EN VERTICAL O EN HORIZONTAL.

HACE CASI 100 AÑOS, EL DEUTSCHE INSTITUT FÜR NORMUNG PUSO ORDEN AL PRESENTAR EL FORMATO DIN.

¿CÓMO?

LA IDEA CONSISTÍA EN HACER UNA SERIE DE FORMATOS QUE CONSERVARA LA MISMA PROPORCIÓN ENTRE LOS LADOS, DE MODO QUE FUERAN SIMILARES GEOMÉTRICAMENTE. EL FORMATO BASE TENÍA UNA SUPERFICIE DE 1 M².

LA PROPORCIÓN ENTRE LOS LADOS SE FIJÓ COMO 1 POR RAÍZ CUADRADA DE 2...

¡PERO ESO NO ES UNA SECCIÓN ÁUREA!

BIEN VISTO, QUERIDO TILDE, SERÍA LA ÚNICA PEGA. PERO LA SERIE DE FORMATOS ESTÁ ORDENADA DE MARAVILLA: SI SE DIVIDE EN DOS UN A0, EL FORMATO BASE, APARECEN DOS A1, CADA UNO DE LOS CUALES CONTIENE DOS FORMATOS A2 QUE, A SU VEZ, SE PUEDEN DIVIDIR EN DOS A3, ETC.

CUANTO MAYOR ES EL NÚMERO QUE HAY DETRÁS DE LA LETRA, MÁS PEQUEÑO ES EL FORMATO.

EXACTO. PERO NO ENTIENDO POR QUÉ COMIENZA LA SERIE CON EL CERO Y NO DIRECTAMENTE CON EL UNO, AUNQUE SEGURO QUE LOS DEL INSTITUTO DIN TUVIERON UNA BUENA RAZÓN PARA ELLO. *

A LA SERIE 'A' LE SIGUIERON OTRAS. PORQUE CUANDO SE QUIERE EMPAQUETAR O ENVIAR POR CORREO UN FORMATO A, SE NECESITA UN SOBRE O UNA CAJA DEL TAMAÑO CORRESPONDIENTE PARA QUE QUEPA.

ASÍ SURGIÓ UN SISTEMA BIEN ESTUDIADO: PUEDES METER UN A4 EN UN SOBRE B4 Y GUARDAR ESTE EN UN FORMATO C4, QUE CABE A LA PERFECCIÓN EN UN A3, Y ESTE A SU VEZ EN UN B3, Y ASÍ TODO EL RATO...

¡UAU, ASÍ QUE EL DIN RESOLVIÓ EL PROBLEMA DEL FORMATO!

* ¡CLARO QUE SÍ! DIN A0 MIDE UN METRO CUADRADO, SIN DIVIDIR = 2 ELEVADO A CERO. DIN A1 ES 2 ELEVADO A MENOS UNO, O SEA, LA MITAD: MEDIO METRO CUADRADO. DIN A4 ES, POR TANTO, DOS ELEVADO A MENOS 4, O UNA DECIMOSEXTA PARTE (EN UN METRO CUADRADO CABEN 16 A4), Y ASÍ SUCESIVAMENTE.

VEMOS LETRAS POR TODAS PARTES, PERO ¿DE DÓNDE PROCEDE NUESTRA ESCRITURA?

¿Y QUIÉN LA INVENTÓ?

LUEGO TE CONTARÉ MÁS COSAS SOBRE ESO. PERO LA PRIMERA PREGUNTA IMPORTANTE ES: ¿POR QUÉ ESCRIBEN LOS SERES HUMANOS? HAY DOS EXPLICACIONES: POR RAZONES DE CULTO, ES DECIR, PARA COMUNICARSE CON LOS DIOSES; Y POR RAZONES PRÁCTICAS. CREO QUE LA ÚLTIMA NOS INTERESA MÁS.

¡ES UNA HISTORIA MUY EMOCIONANTE, TILDE!

CADA CULTURA POSEE UNA LEYENDA SOBRE CÓMO LLEGÓ LA ESCRITURA A LOS SERES HUMANOS.

CON EL TRANSCURSO DEL TIEMPO, LOS HUMANOS REUNIERON EXPERIENCIAS Y APRENDIERON A VIVIR Y SOBREVIVIR EN SU ENTORNO.

APRENDIERON, POR EJEMPLO, A CAZAR UN RENO...

DÓNDE ENCONTRAR MIEL...

QUÉ SETAS SON COMESTIBLES...

... Y QUÉ EXTRAÑAS ALUCINACIONES PROVOCAN. Y, CLARO ESTÁ, QUERÍAN CONTAR A LOS DEMÁS ESAS EXPERIENCIAS.

ASÍ QUE LA ESCRITURA LES SIRVIÓ PARA TRANSMITIR DATOS DE IMPORTANCIA QUE PODÍAN SER DECISIVOS PARA LA SUPERVIVENCIA DE LA FAMILIA, EL CLAN O TODO EL PUEBLO.

¡EXACTO!

AL PRINCIPIO LOS HUMANOS EMPLEARON LA LLAMADA MNEMO- TECNIA: IMÁGENES O SÍMBOLOS QUE LES AYUDARAN A RECORDAR LO APRENDIDO.

PUES BIEN, CHICOS, ESTA ES LA TÉCNICA QUE DESARROLLARON NUESTROS ANTEPASADOS. SI ENTIENDO BIEN EL DIBUJO, ALGUIEN HACÍA EL PAYASO AQUÍ DELANTE, MIENTRAS QUE OTROS DOS POR DETRÁS...

PERO VOLVAMOS A NUESTRA ESCRITURA Y LAS LEYENDAS EN TORNO A ELLA. EL INVENTO SE CONSIDERÓ TAN BRILLANTE QUE PRÁCTICAMENTE EN TODAS LAS CULTURAS ANTIGUAS SE CREYÓ QUE LOS CARACTERES ERAN DE ORIGEN DIVINO.

¿DE QUÉ DIOS?

OH, DE MUCHOS. CADA CULTURA TIENE AL RESPECTO SU PROPIA HISTORIA.

PARA LOS EGIPCIOS, FUE THOT QUIEN INVENTÓ NO SOLO EL CALENDARIO DE 365 DÍAS, SINO TAMBIÉN LA ESCRITURA.

DE PERFIL SALGO MÁS FAVORECIDO.

¡ESCRÍBELO, NO VAYA A SER QUE LO OLVIDES!

LOS SUMERIOS HICIERON RESPONSABLE DE ELLO A SU DIOS MÁS IMPORTANTE, ENLIL.

PON ATENCIÓN, HIJO. A VER SI TE CONCENTRAS.

¡O NO LLEGARÁS A NADA!

¡AY, SE ME HA SECADO LA TABLILLA!

EL TAL ENLIL ERA MUY AMABLE CON LOS HUMANOS. PERO ¡AY COMO SE ENFADARA! TAMBIÉN FUE ÉL QUIEN INVENTÓ EL DILUVIO...

UN RÓTULO MUY ÚTIL.

LOS ASIRIOS ADORABAN A NABU, EL HIJO DE MARDUK, COMO DIOS DEL ARTE DE ESCRIBIR Y DE LA SABIDURÍA. INTERESANTE COMBINACIÓN, ¿NO?

¡ESCRIBIR, ESCRIBIR, ESCRIBIR Y SER SABIO!

HABRÍA PREFERIDO SER PAPÁ NOEL...

SEGÚN LA MITOLOGÍA DEL NORTE DE EUROPA FUE EL MISMO ODÍN, PADRE DE TODOS LOS DIOSES, QUIEN INVENTÓ LA ESCRITURA, LAS LLAMADAS RUNAS.

¡EH, ODÍN! THOR ESTÁ BUSCANDO EL MARTILLO. YO DE TI ACABARÍA PRONTO DE ESCRIBIR, SEÑOR POETA...

PARA LOS JUDÍOS FUE, POR SUPUESTO, SU DIOS YAVÉ QUIEN INVENTÓ Y LES DIO EL REGALO DE LA ESCRITURA. SU BIBLIA SE CONVIRTIÓ EN UN BEST SELLER MUNDIAL. ES CURIOSO QUE YAVÉ TAMBIÉN FUERA CONOCIDO Y TEMIDO POR EL DILUVIO: ¿TENDRÁ ALGO QUE VER LA INVENCIÓN DE LA ESCRITURA CON "RAUDAL" Y DEMASIADA AGUA?

SED AGRADECIDOS Y ESCRIBID COSAS BUENAS SOBRE MÍ.

¡GRACIAS, DIOS! PROMETIDO, SOLO ESCRIBIREMOS COSAS BUENAS SOBRE TI, ESTÁ CLARO.

SI NO, ¡OS LAS CARGÁIS!

UY, VEO QUE SE ESTÁ NUBLANDO. VOY POR EL PARAGUAS.

DESDE EL PUNTO DE VISTA HISTÓRICO, EL RASTRO DE NUESTRO ALFABETO SE REMONTA AL ANTIGUO EGIPTO. ALLÍ SE UTILIZARON PARA ESCRIBIR MILES DE JEROGLÍFICOS, ENTRE LOS CUALES HABÍA SIGNOS PARA LAS PALABRAS, LAS SÍLABAS Y TAMBIÉN LOS SONIDOS CONCRETOS...

¡POR HORUS! ¡Y TENEMOS MONTAÑAS!

AHORA TENEMOS QUE ENVIAR UNA CARTA A LOS DIOSES PARA PEDIRLES QUE NIEVE. ¡Y POR FIN ABRIREMOS LA TEMPORADA DE ESQUÍ!

LOS EGIPCIOS PRESTABAN POCA IMPORTANCIA A LOS SIGNOS DE LOS SONIDOS, PERO LOS FENICIOS RECONOCIERON SU ENORME POTENCIAL, ASÍ QUE REUNIERON UN ELEGANTE REPERTORIO DE SIGNOS Y, COMBINANDO LOS NOMBRES DE LAS PRIMERAS DOS LETRAS ("ALP" Y "BET"), LO LLAMARON "ALFABETO". SE CONVIRTIÓ EN UN ÉXITO COMERCIAL.

AQUÍ, CAMPESINOS: ¡ADMIRAD Y COMPRAD!

¡ACEITE DE CEDRO PARA DAMAS ELEGANTES!

¡SOLO PARA REYES Y DEFRAUDADORES FISCALES: TELAS PÚRPURAS DE TIRO!

¡Y PARA TODOS: SOFTWARE DE TIPOS DE BIBLOS! LO ÚLTIMO: ¡CON TODAS LAS CONSONANTES QUE SE PUEDEN PRONUNCIAR!

TIPOS TIPOS

ENTRE TODOS LOS CONSUMIDORES DE LA NUEVA TÉCNICA CULTURAL, LOS GRIEGOS FUERON LOS MÁS IMPORTANTES PARA NOSOTROS, YA QUE MODIFICARON LOS VALORES DE ALGUNAS LETRAS Y CREARON OTRAS PARA REPRESENTAR LAS VOCALES.

LA NUEVA ESCRITURA DE LOS FENICIOS ES MUY RARA. ¿QUÉ SIGNIFICA "TNS"?

TNS →

¡AHORA SÍ! ¡GUAY! ¿CÓMO LO HAS HECHO?

BAH, SOLO HE INVENTADO UN PAR DE SIGNOS PARA LAS VOCALES...

ATENAS →

EL ALFABETO SIGUIÓ VIAJANDO: A TRAVÉS DE LOS GRIEGOS LLEGÓ A ITALIA Y FUE ADOPTADO POR LOS ETRUSCOS. LO QUE HICIERON CON ÉL NO FUE IMPORTANTE PARA NOSOTROS, PERO SIN EMBARGO...

¿HAS VISTO LOS SIGNOS QUE LLEVAN LOS ARTÍCULOS GRIEGOS?

¡SE PUEDEN LEER!

HUM, PUES SÍ, PODRÍA SERNOS ÚTIL.

CONSULTARÉ A LOS ABOGADOS. A LO MEJOR PODEMOS CAMBIAR ALGO PARA EVITAR UN CONFLICTO DE PATENTES...

HASTA QUE LOS ROMANOS, GRACIAS A SU MODERNA TÉCNICA DE GUERRA, LOS VENCIERON Y LES ROBARON SIN MÁS NI MÁS LA NUEVA ESCRITURA.

¡ALÍSTATE Y VERÁS MUNDO! JA... VIAJAR SÍ..., PERO DE VER MUNDO, ¡NADA!

AL PRINCIPIO, LOS ROMANOS UTILIZARON LA ESCRITURA SOLO PARA REDACTAR LIBROS SOBRE EL ARTE DE LA GUERRA PARA SU ACADEMIA MILITAR. PERO NO TARDARON EN DESCUBRIR EL POTENTE EFECTO PROPAGANDÍSTICO DE LOS TEXTOS ESCRITOS. SUS LETRAS, PERFECTAMENTE CINCELADAS EN MÁRMOL, RESULTAN TODAVÍA HOY MAJESTUOSAS. DE LOS ROMANOS HEMOS HEREDADO LA FORMA Y PROPORCIONES DE NUESTRAS LETRAS.

SPQR

VVE ARE THE BEST

¡UAU! INCREIBLE LO QUE HACEN CON EL DINERO DE NUESTROS IMPUESTOS... Y LA INSCRIPCIÓN... MUY DISCRETA.

CAVE CANEM

¿QUÉ SIGNIFICA ESE "SOLO"? ¡BÁRBAROS!

Y ESTA SOLO ES LA ENTRADA DE LA CASETA DEL PERRO...

★ DE AQUÍ SURGE DESPUÉS LA W, QUE LOS INGLESES LLAMAN "DOBLE U". (VÉASE LA PÁGINA SIGUIENTE.)

ENTONCES, ¿EMPLEAMOS LA ESCRITURA QUE TAMBIÉN UTILIZABAN LOS ROMANOS?

SÍ Y NO

DESDE LA CAÍDA DEL IMPERIO ROMANO HAN PASADO MUCHAS COSAS.

LAS FORMAS DE LAS LETRAS HAN SEGUIDO EVOLUCIONANDO PARA PODER ESCRIBIRSE MÁS DEPRISA.

ORA ET LABORA,* HERMANO.

¡PERO LABORA MÁS RÁPIDO!

¡UF!

* REZA Y TRABAJA.

DE LA NECESIDAD DE ESCRIBIR DEPRISA SURGIÓ UNA NUEVA VARIANTE DE LETRA: LAS MINÚSCULAS. MÁS TARDE SE INTRODUJERON EN NUESTRO SISTEMA CON LOS MISMOS VALORES FONÉTICOS QUE SUS HERMANAS MAYORES.

TIENE BUENA PINTA, HERMANO...

Y SE ESCRIBE LIGERA COMO UNA PLUMA.

HOY DISTINGUIMOS ENTRE LA **A** MAYÚSCULA Y LA MINÚSCULA; LOS ROMANOS NO LO HACÍAN.

ADEMÁS SE HA AÑADIDO LETRAS QUE LOS ROMANOS NO EMPLEABAN: **J, K, W** Y **U.**

¿NO TENÍAN **U**?

UTILIZABAN LA **V** TAMBIÉN PARA EL SONIDO U.

¿QUÉ HACES?

PRACTICO EL SIGNO DE **VICTORIA**.

S.P.Q.R.

VALE, WINSTON.

SEA COMO SEA, EN GENERAL SE HA CONSERVADO EL MISMO SISTEMA. LAS FORMAS DE LAS LETRAS ROMANAS, O REDONDAS, SON HASTA AHORA UN MODELO SIN PAR DE BELLEZA Y CLARIDAD.

28

ASÍ PUES, NUESTRA ESCRITURA TIENE UNA LARGA HISTORIA A SUS ESPALDAS. PASO A PASO, DE CULTURA EN CULTURA, SU FORMA GRÁFICA Y SU FUNCIÓN SE HAN IDO TRANSFORMANDO; COMO NOSOTROS.

LA ESCRITURA ES UN SISTEMA QUE PERMITE CONSERVAR LA PALABRA HABLADA. SE COMPONE DE SIGNOS QUE, SEGÚN EL SISTEMA, REPRESENTAN IDEAS O SONIDOS (Y, A VECES, INCLUSO AMBOS).

EN LAS ESCRITURAS IDEOGRÁFICAS O PICTOGRÁFICAS SE REPRESENTAN MÁS O MENOS LAS IDEAS Y CONCEPTOS: **VEMOS** AQUELLO A LO QUE SE ALUDE.

CON LA ESCRITURA ALFABÉTICA, QUE REPRESENTA SONIDOS, AL LEER **PRONUNCIAMOS** AQUELLO A LO QUE SE ALUDE.

¿T-O-N-T-O?

TONTO

PERO TODOS LOS TIPOS DE ESCRITURA TIENEN ALGO EN COMÚN: REPRESENTAN MENSAJES CODIFICADOS. SON UN CÓDIGO.

COMO EN TODOS LOS CÓDIGOS, TAMBIÉN LA CODIFICACIÓN DE LA ESCRITURA ES ARBITRARIA. NO HAY UNA RAZÓN QUE DETERMINE LA FORMA DE UNA LETRA.

PODRÍA HABERSE UTILIZADO CUALQUIER OTRO SIGNO PARA REPRESENTAR, POR EJEMPLO, EL SONIDO **A**. PERO PARA QUE UN NUEVO SIGNO SEA LEGIBLE, EL MAYOR NÚMERO DE PERSONAS POSIBLE TIENE QUE HABER APRENDIDO A QUÉ SONIDO SE REFIERE.

¡BUENOS DÍAS! QUISIERA PRESENTARLE UN NUEVO SISTEMA DE ESCRITURA.

¡NO COMPRO **NADA**!

¡BLAM!

TODOS LOS NIÑOS LO HAN PROBADO ALGUNA VEZ EN LA ESCUELA: UN CÓDIGO SECRETO INVENTADO QUE SOLO LEAN O ENTIENDAN SUS AMIGOS.

AL ROFEP SE ONTAT.

¡EJ, EJ! ¡USTOJ!

OSOTROSV OSD, ENIOSG. OYH SO UEDAISQ INS ECREOR.

A VECES TAMBIÉN LOS ADULTOS LO NECESITAN...

MOŞ!

?!

ESTO ES UN EJEMPLO DEL SISTEMA DE ESCRITURA ALBEROBANANA. MÁS DETALLES EN EL LIBRO *FROM THE COW TO THE TYPEWRITER* (V. BIBLIOGRAFÍA).

ESTA ES UNA DE LAS CARACTERÍSTICAS MÁS ESENCIALES DE LA ESCRITURA: UN CÓDIGO SOLO FUNCIONA MIENTRAS SEA ACEPTADO CULTURAL, POLÍTICA Y SOCIALMENTE.

UNA VEZ APRENDIDO, NUESTRO CÓDIGO ALFABÉTICO ES FÁCIL DE LEER, ¿NO?

SÍ, MIENTRAS EL DISEÑO DE LA LETRA NOS LO PERMITA, ES DECIR, MIENTRAS LA ESCRITURA SEA LEGIBLE, LO HACEMOS DE FORMA CASI INCONSCIENTE.

PARA ELLO, TODOS LOS SIGNOS DEBEN DISTINGUIRSE CLARAMENTE UNOS DE OTROS Y CORRESPONDER AL MODELO GENERAL DE ESCRITURA VIGENTE.

¿QUÉ QUIERES DECIR?

ME REFIERO A UNA ESPECIE DE ESQUELETO DE LOS SIGNOS, DE CARÁCTER CULTURAL; LOS SIGNOS PUEDEN MOSTRAR VARIACIONES ESTILÍSTICAS, PERO NINGÚN CAMBIO ESTRUCTURAL.

OK. OK. OK. OK. OK. ?

HE AQUÍ UN EJEMPLO CON LA LETRA E. TIENE MUCHAS FORMAS, QUE FUNCIONAN SIEMPRE QUE RESPONDAN AL MODELO GENERAL.

(EL ORIGINAL DE LA IMAGEN CON EL ESQUELETO DE LA A ES DE ADRIAN FRUTIGER.)

ESTAS FORMAS PUEDEN SUFRIR CAMBIOS EN CIERTAS CIRCUNSTANCIAS O PERDER SU FUNCIÓN CUANDO SE PRODUCEN GRANDES CAMBIOS SOCIALES O CATÁSTROFES.

EHEM..., SR. TIPO...

COMO PILLE A ESE TESEO... ¡ME HA MANGADO LA MÁQUINA DE ESCRIBIR!

¡OH! ¡ME HAS ESCRITO UN POEMA!

SÍ, ARIADNA. ASÍ SIEMPRE SE PODRÁ LEER LA HISTORIA DE NUESTRO AMOR.

HOY EN DÍA SOLO LOS EXPERTOS LEEN EL LINEAL B DE LOS MICÉNICOS Y MINOICOS.

¿UN POCO COMO OCURRE HOY CON LA LETRA GÓTICA?

UN POCO.

NO HACE TANTO, LOS ALEMANES ESCRIBÍAN CON ELLA. HOY, A CASI TODO EL MUNDO LE CUESTA LEERLA CON FLUIDEZ.

¡Eso no es cierto!

¿QUÉ DICE?

NI IDEA.

33

"CONTRAPUNZÓN" PROCEDE DE LOS TÉRMINOS USADOS CUANDO LAS LETRAS SE HACÍAN DE PLOMO.

NO SOLO LAS LETRAS, SINO TAMBIÉN SU "ENTORNO", SE DEFINE CON CONCEPTOS TIPOGRÁFICOS.

ESTO ME SUENA MÁS A CARTOGRAFÍA QUE A ANATOMÍA...

YA, Y "GOTA" ¿DE LA METEOROLOGÍA?

¿HOMBRO? TODAVÍA NO HAN VISTO EL MÍO...

YO SOY MÁS ALTA.

SÍ, ¡PERO YO MÁS IMPORTANTE!

¡Y YO!

ASCENDENTES

ALTURA DE MAYÚSCULAS

BARRA

¡UY!, ¿UNA PLATAFORMA DE SONDEO?

NAVE DESCENDENTE

LAZOS familiares

HAY DIFERENCIAS, PERO EN PESO, ANCHURA Y ALTURA.*

EXACTO.

COMO EN TODAS LAS FAMILIAS.

A VECES RESULTA QUE UNA FAMILIA SANS SERIF (DE PALO SECO) TAMBIÉN TIENE MIEMBROS CON SERIFA, EGIPCIAS, MONOESPACIADAS O ROTULADAS, COMO OCURRE EN LA SYNTAX DE HANS EDUARD MEYER, LA CORPORATE DE WEIDEMANN O LA THESIS DE LUC(AS) DE GROOT. EN TAL CASO, YA NO SE HABLA DE FAMILIAS, SINO DE "SERIES" O "SUPERFAMILIAS".

MENOS MAL QUE RATÓN NO SE HA TRAÍDO A **TODA** SU SUPERFAMILIA.

EEEH..., EL RESTO ESTÁ EN CAMINO.

* MÁS AL RESPECTO EN EL SIGUIENTE CAPÍTULO.

CARÁCTER
RASGOS

SOY NEGRITA, NO GORDITA.

EL GROSOR

EXPANDIDA

aaaaa

NORMAL

aaaaa

CONDENSADA

ANCHURA **aaaaa**

AQUÍ SE VE CÓMO VARÍAN LOS MIEMBROS DE UNA FAMILIA DE LETRAS: LA FORMA DE LA LETRA ES RECONOCIBLE, AUNQUE LOS RASGOS PARTICULARES TENGAN UN CARÁCTER PROPIO. Y LOS MIEMBROS DE LA FAMILIA CONGENIAN BIEN, COMO TÚ Y TU PRIMO SPIKE.

¿QUIÉNES SON ESOS TRES MÚSICOS?

LA BANDA "ANCHA".

ANCHURA *EJE Y* GROSOR

LA ANCHURA ESTÁ DEFINIDA POR LA PROPORCIÓN ENTRE LA DIMENSIÓN VERTICAL Y HORIZONTAL DE LAS LETRAS.

LAS VARIANTES DE LETRA NORMALES TIENEN PROPORCIONES CLÁSICAS; EN LAS CONDENSADAS SE DESTACAN LOS TRAZOS VERTICALES Y EN LAS EXPANDIDAS TIENEN MÁS PESO LOS HORIZONTALES.

PROPORCIONES* ANCHURA/ALTURA

1:1,8   1:1,3   1:1

*PROPORCIONES EN LA LINOTYPE UNIVERS CONDENSADA, NORMAL Y EXTENDIDA.

CONDENSADA **ESPACIO** 80 %
NORMAL **ESPACIO** 100 %
EXTENDIDA **ESPACIO** 120 %

CONSECUENCIA LÓGICA: CON LA MISMA ALTURA DE LETRA, UNA EXPANDIDA NECESITA MUCHO MÁS SITIO QUE UNA CONDENSADA.

ENTRE NOSOTROS LOS RATONES, LOS MIEMBROS DE UNA FAMILIA SE DIFERENCIAN POR LA ALTURA, HAY MÁS JÓVENES Y MÁS VIEJOS, MUJERES Y HOMBRES...

LAS LETRAS PARECEN TODAS IGUAL DE ALTAS, ¡SOLO SON MÁS GORDAS O MÁS DELGADAS!

ASÍ PUES, SON MÁS CONGÉNERES MANIPULADAS GENÉTICAMENTE QUE MIEMBROS DE UNA FAMILIA.

LO DE LA FAMILIA ES METAFÓRICO. ¡LAS LETRAS NO TIENEN HIJOS!

MAMÁ, ¿QUÉ DICE ESE HOMBRE CON EL SOMBRERO TAN RARO?

NADA IMPORTANTE, CARIÑO.

HABLA DE LAS SIN SERIFA...

LA INCLINACIÓN DEL EJE DE LAS LETRAS TAMBIÉN ES IMPORTANTE. LAS LETRAS "REDONDAS" O "ROMANAS" SON AQUELLAS QUE TIENEN UN EJE VERTICAL; LAS QUE TIENE EL EJE INCLINADO HACIA LA DERECHA SE LLAMAN "CURSIVAS" O "ITÁLICAS".

HAY UNA LETRA FAMOSA DE LINOTYPE, LA KURSIVSCHRIFT LIEGEND, QUE NO SE INCLINA HACIA LA DERECHA, SINO EN SENTIDO INVERSO. SE DESARROLLÓ ESPECIALMENTE PARA LA ROTULACIÓN DE MAPAS.

A PARTIR DE ESTUDIOS GRAFOLÓGICOS, LAS LETRAS QUE SE INCLINABAN HACIA LA IZQUIERDA TAMBIÉN SE LLAMABAN EN OCASIONES "CURSIVAS SUICIDAS"

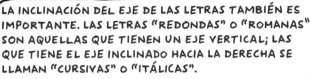

ALGUNAS LETRAS HASTA CAMBIAN DE FORMA EN SU VARIANTE CURSIVA.

H H   H

fagi
↓
fagi

PARA DISEÑAR UNA CURSIVA NO SOLO BASTA CON INCLINAR LA LETRA: ADEMÁS DE LAS FORMAS ESPECÍFICAS TAMBIÉN, HAY QUE AJUSTAR ÓPTICAMENTE LOS CONTORNOS.

LAS LETRAS QUE SE HAN INCLINADO SOLO DE FORMA ELECTRÓNICA SE LLAMAN "FALSAS CURSIVAS", Y NO TIENEN EL DIBUJO DE LAS AUTÉNTICAS.

EL GROSOR (O PESO) NOS INDICA EL "COLOR" DE UNA LETRA.

CUANTO MÁS GRUESA, MÁS OSCURA.

EL COLOR DE UNA LETRA PUEDE IR DE UN NEGRO INTENSO A UN GRIS SUAVE. EL "GRIS TIPOGRÁFICO" DE UN BLOQUE DE LETRAS DEPENDE DEL GROSOR DE LAS MISMAS.

AHORA SÉ POR QUÉ SIEMPRE DICES: "¡COGE LA NEGRITA!". ES TU COLOR FAVORITO.

SE DICE QUE EL GRIS TIPOGRÁFICO ES BELLO CUANDO EL BLOQUE DE LETRAS ES HOMOGÉNEO Y CARECE DE MANCHAS. PARA QUE ESTO SUCEDA, LAS SUPERFICIES BLANCAS Y NEGRAS DE LAS LETRAS TIENEN QUE ESTAR BIEN AJUSTADAS. AL IGUAL QUE LA DISTANCIA ENTRE LAS LETRAS, LAS PALABRAS Y LAS LÍNEAS.

¡PUAJ, TIENES SERIFAS!

PUEDE SER, PERO TÚ VAS EN SENTIDO CONTRARIO.

DEJANDO APARTE LAS SERIFAS, LAS FORMAS DE UN TIPO DE LETRA TAMBIÉN PUEDEN ORDENARSE SEGÚN OTROS CRITERIOS.

¿COMO CUÁLES?

POR EJEMPLO, EL CONTRASTE ENTRE LOS TRAZOS HORIZONTALES Y LOS VERTICALES.

O LA INCLINACIÓN DEL EJE...

SIN CONTRASTE

POCO CONTRASTE

MUCHO CONTRASTE

¿EJE?

¿ROTAN LAS LETRAS SOBRE SÍ MISMAS?

CLARO QUE NO, SON FIGURAS BIDIMENSIONALES.

PERO SEGÚN CÓMO LAS ESCRIBES O DIBUJAS (P. EJ., INCLINADAS), PRESENTAN CENTROS DE GRAVEDAD CARACTERÍSTICOS.

ALGO QUE PODEMOS APRECIAR AQUÍ, CONTEMPLANDO ESTAS DOS **o**. EN LA PRIMERA, EL PESO ESTÁ DISTRIBUIDO DE IGUAL MODO A DERECHA E IZQUIERDA.

EN LA SEGUNDA, EL EJE SE INCLINA EN DIAGONAL. ESTO RESPONDE A SU ORIGEN: ESTAS LETRAS SE ESCRIBIERON CON PLUMA ANTES DE QUE EXISTIERA IMPRESIÓN CON PLOMO.

CUANDO PESA LA CABEZA, PESA EL TRASERO: YA SUELE PASAR.

MUCHOS INTENTOS DE CLASIFICACIÓN SON MUY TÉCNICOS. POR ESO NO DEJAN DE DEFINIRSE NUEVOS CRITERIOS PARA ORDENAR DE FORMA RACIONAL LAS LETRAS.

POR EJEMPLO, SEGÚN SU CAMPO DE APLICACIÓN: CARACTERES PARA LIBROS, REVISTAS, PANTALLA, ETC.

O SEGÚN LO QUE SE TE OCURRA: FELIZ/INFELIZ, MASCULINO/FEMENINO...

¿HAY TAMBIÉN CARACTERES PERRUNOS Y GATUNOS?

NI IDEA... PERO YA VES: TODOS LOS CRITERIOS TIENEN SUS PROS Y SUS CONTRAS.

LO MEJOR ES APRENDER CÓMO SE ANALIZAN Y "SE ENTIENDEN" LOS CARACTERES, Y LUEGO CADA UNO PUEDE DESARROLLAR SU PROPIO SISTEMA PARA RECONOCERLOS Y CLASIFICARLOS.

LO DICHO: DOS TIPÓGRAFOS, DOS CLASIFICACIONES.

A VECES, HASTA TRES.

NO EN TODOS LOS PAÍSES DEL MUNDO SE ESCRIBE CON LETRAS LATINAS.

NI SIQUIERA SE UTILIZAN EN TODA EUROPA. ACUÉRDATE DE GRECIA Y DE LOS PAÍSES EN LOS QUE SE ESCRIBE CON ALFABETO CIRÍLICO.

ES CIERTO, PERO EN COMPARACIÓN CON LOS IDEOGRAMAS CHINOS O CON EL DEVANAGARI, LAS LETRAS GRIEGAS Y LAS CIRÍLICAS NOS RESULTAN MÁS FAMILIARES.

DA IGUAL: PRÁCTICAMENTE EN TODAS LAS CLASIFICACIONES DE ORIGEN OCCIDENTAL HAY UNA CATEGORÍA PROPIA PARA CARACTERES CUYOS SIGNOS NO SE BASAN EN NUESTRO ALFABETO LATINO.

ES DECIR, ¿PARA LOS CARACTERES DE LAS ESCRITURAS QUE SE USAN EN GRIEGO, ÁRABE, HEBREO, RUSO, CHINO MANDARÍN, JAPONÉS, COREANO, FARSI, TAILANDÉS, HINDI, GEORGIANO, MONGOL, TIBETANO, ARMENIO?

ENTRE OTROS...

PERO SI HAY MILLONES DE PERSONAS QUE EMPLEAN DISTINTOS SISTEMAS DE ESCRITURA, ¿POR QUÉ SE AGRUPAN EN UNA SOLA CATEGORÍA?

JUSTO A ESO ME REFERÍA: PORQUE SE VEN DESDE EL PUNTO DE VISTA OCCIDENTAL. DURANTE MUCHO TIEMPO SE DESATENDIERON ALGUNOS ALFABETOS NO LATINOS PORQUE APENAS SE EMPLEABAN, Y QUIENES LOS UTILIZABAN NO VIVÍAN DONDE SE HALLABA EL FOCO DE INTERÉS ECONÓMICO.

LAS FIRMAS LINOTYPE Y MONOTYPE, QUE QUERÍAN VENDER SUS MÁQUINAS POR TODO EL MUNDO, PRONTO ADVIRTIERON LA NECESIDAD DE ACTUAR EN EL TERRENO...

¡JEFE, EUROPA Y AMÉRICA YA ESTÁN TOTALMENTE EQUIPADAS CON NUESTRAS MÁQUINAS!

¡MUY BIEN, PUES AHORA A INUNDAR EL RESTO DEL MUNDO!

Y CREARON CARACTERES TIPOGRÁFICOS PROPIOS PARA OTROS SISTEMAS DE ESCRITURA.

BIEN, AQUÍ TIENE ESAS MÁQUINAS ESTUPENDAS Y AQUÍ LAS MATRICES PARA ESA ESCRITURA SUYA TAN RARA.

PERO ESO SEGUÍA SIENDO ALGO QUE LLEGABA DEL MUNDO OCCIDENTAL. POR LO QUE LOS RESULTADOS DEJABAN MUCHO QUE DESEAR.

¿CÓMO? ¿QUÉ SE SUPONE QUE ES ESTO? ¿QUIÉN LO HA DIBUJADO? ¿UN ITALIANO?

SÍ, UN ITALIANO QUE VIVE EN BERLÍN. EL SIGNO LE PARECIÓ DIVERTIDO, PERO NO SE IMAGINABA QUE ALGUIEN ESCRIBIERA ASÍ REALMENTE...

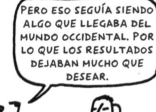

CON LA PROPAGACIÓN MUNDIAL DE LOS ORDENADORES Y CON LA CRECIENTE IMPORTANCIA ECONÓMICA DE PAÍSES COMO LA INDIA, LA DEMANDA HA AUMENTADO Y CADA VEZ HAY MÁS DISEÑADORES TIPOGRÁFICOS "NATIVOS" CUBRIÉNDOLA.

GRACIAS, PERO A PARTIR DE AHORA PREFERIMOS SER NOSOTROS MISMOS QUIENES HAGAMOS NUESTRAS LETRAS.

DE ACUERDO, PERO LAS CODIFICAREMOS NOSOTROS. ¡SEGÚN UNICODE!*

*V. PÁGINA 84

COMPOSICIÓN

ALGO SIMILAR PUEDE OBSERVARSE CUANDO SE TRABAJA CON CONTRASTES, COMO "GRANDE Y PEQUEÑO"...

TOMEMOS DOS CUADRADOS, UNO MÁS GRANDE QUE EL OTRO. ¿QUÉ VEIS?

EL GRANDE PARECE ESTAR EN PRIMER PLANO, Y EL OTRO, MÁS LEJOS, EN SEGUNDO PLANO.

LO QUE EN REALIDAD NO ES CIERTO. SIMPLEMENTE SON DE DISTINTO TAMAÑO. PERO ESTE EFECTO ES IMPORTANTE PARA LA COMPOSICIÓN.

ADEMÁS, LA DIRECCIÓN HABITUAL EN QUE LEEMOS, DE IZQUIERDA A DERECHA, EJERCE UNA GRAN INFLUENCIA EN NUESTRA PERCEPCIÓN DEL MOVIMIENTO EN EL FORMATO.

¡ATRÁS!

¡ADELANTE!

NUESTRO CEREBRO INTERPRETA LO QUE VEMOS A PARTIR DE UN PATRÓN DE PERCEPCIÓN PREDETERMINADO. LO MISMO SE APLICA AL COLOR, LOS ESPACIOS EN BLANCO, LA ESTRUCTURA, EL TIPO DE ESCRITURA, ETC.: TODO INFLUYE EN LA COMPOSICIÓN DE UNA PÁGINA.

UN AVIÓN ENTRA CUANDO APARECE POR EL LADO IZQUIERDO Y SALE POR LA DERECHA DEL FORMATO. Y CUANDO INCLINA EL MORRO HACIA ABAJO ESTÁ ATERRIZANDO... O ESTRELLÁNDOSE.

Y, COMO SIEMPRE, EXPERIMENTAR UNO MISMO VALE MÁS QUE ESTUDIAR.

¡BONITA Composición!

SI REALIZAMOS UNA COMPOSICIÓN ARMÓNICA, AL MIRARLA CON LOS OJOS ENTRECERRADOS VEREMOS UNA BONITA Y UNIFORME MANCHA GRIS.

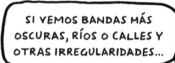

SI VEMOS BANDAS MÁS OSCURAS, RÍOS O CALLES Y OTRAS IRREGULARIDADES...

... ES QUE ALGO FALLA.

VALE, PERO TIENES QUE EXPLICARLO MEJOR.

HAY QUE VERLO; EXPLICARLO SOLO AYUDA A MEDIAS.

LO CONSEGUIRÁS, ESTOY SEGURO.

BUF...

VALE.

CUANDO TODOS LOS ESPACIOS ENTRE LAS LETRAS, ENTRE LAS PALABRAS Y ENTRE LAS LÍNEAS DE TEXTO PROVOCAN UN EFECTO ARMONIOSO...

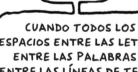

BUEN ARRANQUE.

CUÉNTANOS ALGO SOBRE ESE ESPACIADO.

Y EN ORDEN, POR FAVOR.

PARA CONSEGUIR ESE AGRADABLE EFECTO GRIS, LAS PARTES NEGRAS Y BLANCAS DE LAS LETRAS HAN DE AJUSTARSE A LA PERFECCIÓN.

LAS LETRAS NO SOLO SE COMPONEN DE TRAZOS, SINO TAMBIÉN DE BLANCOS INTERNOS, LLAMADOS CONTRAFORMA, O CONTRAPUNZÓN, Y EXTERNOS, COMO LOS ESPACIOS ANTERIOR Y POSTERIOR DE LA LETRA, O PROSA.

HOH

ESPACIO INTERIOR < ESPACIO EXTERIOR

HOH

ESPACIO INTERIOR < ESPACIO EXTERIOR

HOH

ESPACIO INTERIOR < ESPACIO EXTERIOR

EN GENERAL, LOS DISEÑADO-RES TIPOGRÁFICOS DIBUJAN LAS LETRAS DE MODO QUE LOS ESPACIOS BLANCOS DE DENTRO Y FUERA DEL CONTORNO DE LA LETRA SEAN SIMILARES.

LAS LETRAS COMPONEN PALABRAS, Y ESTAS SE SEPARAN ENTRE SÍ CON UN PEQUEÑO ESPACIO ENTRE AMBAS: EL ESPACIADO.

DE AHÍ QUE CUANTO MÁS GRUESA SEA LA LETRA, MÁS PEQUEÑO SERÁ EL ESPACIO.

palabras

SI LA LÍNEA ES DEMASIADO LARGA, A DURAS PENAS SE ENCUENTRA EL PRINCIPIO DE LA SIGUIENTE, LO QUE IMPIDE LEER CON FLUIDEZ.

¿DÓNDE ME HABÍA QUEDADO?

UNA BUENA LONGITUD DE LÍNEA ES LA QUE PUEDE DAR CABIDA A ENTRE 50 Y 60 CARACTERES (INCLUIDOS LOS ESPACIOS ENTRE PALABRAS).

56, 57, 58, 59, ¡BASTA! ¡VOSOTROS ABAJO!

¡¿ADÓNDE TENEMOS QUE IR?!

A LA IZQUIERDA, AL PRINCIPIO DE LA SIGUIENTE LÍNEA. ¡Y LARGO DE AQUÍ!

LUEGO LAS LÍNEAS SE COLOCAN UNA ENCIMA DE LA OTRA.

¡UAU, TIENE UN AIRE ARQUITECTÓNICO!

SÍ, PODRÍA DECIRSE QUE SE CONSTRUYE LA PÁGINA. Y LOS DISEÑADORES SON LOS ARQUITECTOS QUE DISTRIBUYEN LOS ESPACIOS.

PERO, ¿POR DÓNDE IBA...?

LAS LÍNEAS...

HAY UN TIPO DE ALINEACIÓN EN EL QUE LA LONGITUD DE LÍNEA NO LLEGA SIEMPRE AL FINAL: EL LADO DERECHO DEL PÁRRAFO NO ES RECTO, SINO QUE ONDEA UN POCO...

... COMO UNA BANDERA AL VIENTO.

POR ESO ESTE TIPO DE COMPOSICIÓN SE LLAMA **EN BANDERA.**

PERO ESTÁ MUY EXTENDIDA LA **COMPOSICIÓN JUSTIFICADA:** EN ESTE CASO, TANTO EL LADO IZQUIERDO COMO EL DERECHO DEL PÁRRAFO SON RECTOS.

¿CÓMO ES POSIBLE?

LAS PALABRAS TIENEN LONGITUDES DISTINTAS Y TAMBIÉN LAS LETRAS TIENEN SU ANCHURA PROPIA.

¿CÓMO SE CONSIGUE QUE TODAS LAS LÍNEAS TENGAN EXACTAMENTE LA MISMA LONGITUD?

EL TRUCO CONSISTE EN MANIPULAR LOS ESPACIOS QUE HAY ENTRE LAS LETRAS Y LAS PALABRAS: SI LA LÍNEA AMENAZA CON SER DEMASIADO CORTA, SE INTRODU-CE AUTOMÁTICAMENTE UN POCO MÁS DE ESPACIO. EN CASO CONTRARIO, SE ESTRE-CHA TODO. LA COMPOSICIÓN JUSTIFICA-DA EXIJE ESMERO PARA QUE QUEDE BIEN.

APARECEN ENTRE LAS LETRAS Y LAS PALABRAS ESPACIOS IRREGULARES QUE A VECES SON MUY FEOS.

PUESTO QUE EL OJO NO ENCUENTRA UN ENLACE ENTRE LÍNEAS NI A LA IZQUIERDA NI A LA DERECHA, EL TEXTO CENTRADO TIENE LAS MISMAS DESVENTAJAS QUE LAS ALINEACIONES A LA DERECHA Y A LA IZQUIERDA, Y NINGUNA VENTAJA PROPIA.

SIN CONTAR CON LA ESTÉTICA Y LA FORMA HABITUAL DE MIRAR, AUNQUE...

PERO CUANDO EL TEXTO SE ALARGA, LA LECTURA SE ENTORPECE PORQUE, DE NUEVO, CUESTA ENCONTRAR EL COMIENZO DE CADA NUEVA LÍNEA.

... SE PUEDE ESPETAR BIEN POR EL CENTRO.

POR SU FORMA, SE PODRÍA LLAMAR TAMBIÉN "COMPOSICIÓN DÖNER".

BUENA OCURRENCIA, TILDE. PERO HAY OTRO TIPO DE COMPOSICIÓN QUE ME GUSTARÍA MENCIONAR:

CON FORMAS.

COMO SU NOMBRE INDICA, EL TEXTO ADOPTA CUALQUIER FORMA. PUEDE SEGUIR EL CONTORNO DE UNA IMAGEN O...

...COMPONER EL MISMO UNA IMAGEN. EN ESTE CASO, LA LEGIBILIDAD ES SIN DUDA SECUNDARIA. LA FORMA ES LO PRINCIPAL, ¿O NO?

¡YO ALTO, TÚ BAJA!

MAYÚSCULAS VS. MINÚSCULAS

COMO YA HEMOS DICHO, NUESTRA ESCRITURA POSEE, POR RAZONES HISTÓRICAS, DOS GRAFEMAS PARA UN MISMO SONIDO: LA LETRA MAYÚSCULA, O VERSAL, Y LA MINÚSCULA.

A LAS QUE TAMBIÉN SE LLAMA...

... LETRAS DE CAJA ALTA Y DE CAJA BAJA

TRADICIONALMENTE, AMBAS FORMAS SE MEZCLAN EN EL TEXTO.

DOS ALFABETOS EN LA CAZUELA, COMO QUIEN DICE.

¿CAZUELA? ¡QUE NO SOMOS ZANAHORIAS!

¡A MÍ ME **PIRRAN** LAS ZANAHORIAS!

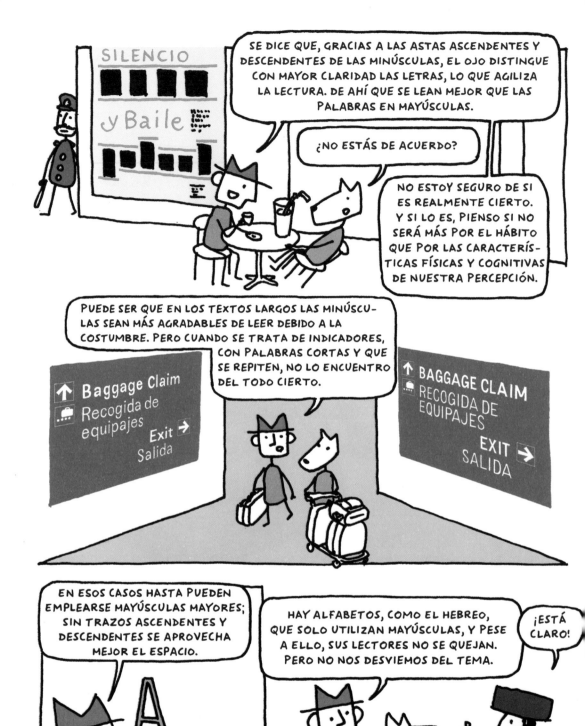

 **vs.**

Monopoly

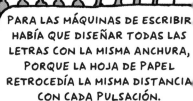

ENTRE LOS NUMEROSOS TIPOS DE LETRA QUE PUEBLAN NUESTRO MUNDO HAY UNO ESPECIAL QUE EN LA ACTUALIDAD PARECE ESTAR DE MODA: LA MONOESPACIADA.

UN NOMBRE MUY TÉCNICO. ¿DE DÓNDE VIENE?

DE ESAS PRIMERAS MÁQUINAS DE ESCRIBIR QUE EN EL SIGLO XIX EMPRENDIERON SU MARCHA TRIUNFAL Y SUSTITUYERON LA ESCRITURA A MANO.

PARA LAS MÁQUINAS DE ESCRIBIR HABÍA QUE DISEÑAR TODAS LAS LETRAS CON LA MISMA ANCHURA, PORQUE LA HOJA DE PAPEL RETROCEDÍA LA MISMA DISTANCIA CON CADA PULSACIÓN.

Mono- space

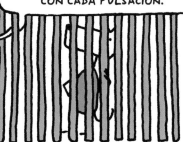

¿PERO QUÉ SE LES HA PERDIDO AHORA EN EL ORDENADOR? AHÍ PUEDE EMPLEARSE EL ANCHO QUE SE PREFIERA...

TÚ MISMO HAS NOTADO QUE ESE TIPO DE LETRA PRODUCE UN EFECTO MUY TÉCNICO. Y JUSTO ESO ES LO QUE HACE TAN ATRACTIVO SU DISEÑO. QUIEN QUIERE DAR UNA IMAGEN DE MODERNIDAD SUELE SERVIRSE DE ESTOS MEDIOS.

¿MODERNIDAD CON UN TIPO DE LETRA DEL SIGLO XIX? SUENA COMO SI UNO QUISIERA PARECER ROMÁNTICO REGALANDO UN PESCADO PODRIDO EN LUGAR DE ROSAS.

ES CUESTIÓN DE GUSTOS. PARA LA TIPOGRAFÍA ES IMPORTANTE COMPRENDER QUE LOS TIPOS MONOESPACIADOS TIENEN ALGUNOS PROBLEMAS: COMO SU NOMBRE INDICA, TODAS LAS LETRAS SE INSCRIBEN EN UN ESPACIO DEL MISMO ANCHO.

¡Todas las letras son iguales! Pero algunas letras son más iguales que otras.

¡SUENA MUY DEMOCRÁTICO!

PERO ES MÁS BIEN COMUNISTA...

CUANDO UNO PIENSA QUE, CONTANDO EL ESPACIO, UNA **m** ES TAN ANCHA COMO UNA **i**..., A LA **m** LE FALTA ESPACIO Y A LA **i**, EN CAMBIO, LE SOBRA.

EL RESULTADO ES UNA COMPOSICIÓN CON MANCHAS DONDE LETRAS COMO CON LA **M**, **W**, **m** Y **w** ESTÁN APRETUJADAS,

... Y APARECEN HUECOS CON LA **I**, **L**, **i**, **j**, ETC.

LO QUE ANTES ERA INEVITABLE CON LAS MÁQUINAS DE ESCRIBIR, HOY ES EN EL ORDENADOR UNA DECISIÓN ESTÉTICA.

PERO NO SOLO HABÍA LETRAS MONOESPACIADAS PARA LAS MÁQUINAS DE ESCRIBIR...

TAMBIÉN SE HICIERON ALGUNAS PARA QUE EL ORDENADOR PUDIESE LEERLAS.

¿POR QUÉ TENÍA QUE SABER LEER UN ORDENADOR NUESTRA ESCRITURA?

¡POR CURIOSIDAD!

BUENA PREGUNTA. LA IDEA ERA HACER UNA LETRA QUE PUDIESEN LEER TANTO LOS HUMANOS COMO LAS MÁQUINAS, P. EJ., EN FORMULARIOS, TRANSFERENCIAS Y OTROS IMPRESOS CUYO CONTENIDO DEBÍA REGISTRARSE DE FORMA MECÁNICA.

EN EL FONDO, UN ORDENADOR TAMBIÉN PUEDE "LEER" RAYAS, AGUJEROS O SIMILARES, PERO PARA NOSOTROS ES COMPLICADO.

ASÍ QUE EL ORDENADOR TUVO QUE "APRENDER" NUESTRA ESCRITURA...

ESTOS AGUJEROS SON MARAVILLOSAMENTE PROFUNDOS.

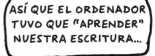

SÍ. EN LA ESCUELA APRENDEMOS LA FORMA DE LAS LETRAS Y A ESCRIBIR. UN ORDENADOR, NO. A ÉL HABÍA QUE EXPLICARLE CON TODO DETALLE LAS DIFERENCIAS ENTRE CADA UNO DE LOS SIGNOS. EN LOS ALBORES DEL ORDENADOR, LOS SIGNOS TENÍAN QUE DIFERENCIARSE ENTRE SÍ DE FORMA SENCILLA Y CLARA PARA EVITAR CONFUSIONES. CON UNA ANCHURA UNIFORME ERA MÁS FÁCIL DE ENTENDER EL PRINCIPIO Y EL FIN DE CADA SIGNO.

POR LO QUE LOS ORDENADORES NO APRENDÍAN A LEER, SINO A RECONOCER LAS LETRAS Y NÚMEROS DE UNA DETERMINADA ESCRITURA.

EXACTO.

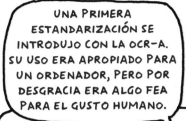

UNA PRIMERA ESTANDARIZACIÓN SE INTRODUJO CON LA OCR-A. SU USO ERA APROPIADO PARA UN ORDENADOR, PERO POR DESGRACIA ERA ALGO FEA PARA EL GUSTO HUMANO.

POR ESA RAZÓN, ADRIAN FRUTIGER CREÓ EN 1968 UNA NUEVA ESCRITURA EUROPEA ESTÁNDAR QUE SE LLAMÓ OCR-B; A MI PARECER, UN INTENTO LOGRADO DE AUNAR LAS CONDICIONES TÉCNICAS NECESARIAS CON LOS VALORES ESTÉTICOS.

OCR*-A

OCR*-B

Esta escritura solo le gusta a un ordenador.

Esta también la lee Adrian de buen grado.

*OCR SIGNIFICA OPTICAL CHARACTER RECOGNITION, 'RECONOCIMIENTO ÓPTICO DE CARACTERES'.

TAMBIÉN ESTE TIPO DE ESCRITURA PARECE MODERNO Y AL MENOS TIENE UN VÍNCULO CON LA TÉCNICA DEL ORDENADOR. AUNQUE LOS TIEMPOS EN QUE LOS ORDENADORES TENÍAN QUE LEER TRANSFERENCIAS BANCARIAS IMPRESAS HACE MUCHO QUE HAN PASADO.

HOY EN DÍA, ESE TIPO DE DATOS SE TRANSMITE DE UN ORDENADOR A OTRO DIRECTAMENTE, LO QUE CONVIERTE EN SUPERFLUAS LAS TIPOGRAFÍAS OCR.

Y, DE TODOS MODOS, YO PREFIERO LEER CÓDIGOS DE BARRAS O BINARIOS QUE LA ROTIS...

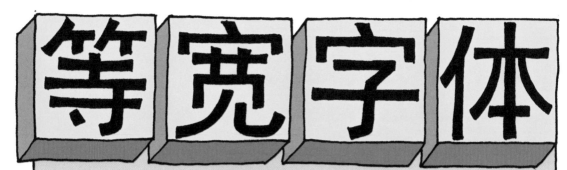

等宽字体

(FUENTE MONOESPACIADA)

LOS CARACTERES CHINOS SON OTRO EJEMPLO DE LETRAS MONOESPACIADAS.

PERO ESO NO PARECE AJUSTARSE DEL TODO AL ASPECTO VIVAZ DE LA ESCRITURA, ¿NO?

SÍ QUE DA IMPRESIÓN DE VIVACIDAD, PERO HAY UN CONTROL TOTAL HASTA EN SUS FORMAS CALIGRÁFICAS. TODOS LOS TRAZOS SE REALIZAN SIGUIENDO CON EXACTITUD UN ORDEN DETERMINADO...

YŌNG (ETERNIDAD)

ESTO SUELE FUNCIONAR LA MAR DE BIEN, PERO NO EN LA PANTALLA GRÁFICA Y EN PROPORCIONES MENORES: AHÍ DEBEN UTILIZARSE VERSIONES SIMPLIFICADAS DE LOS SIGNOS.

... Y CADA SIGNO ESTÁ COLOCADO EN EL CENTRO DE UN CUADRADO UNIFORME VIRTUAL. CUANTO MÁS COMPLICADOS SON LOS SIGNOS, DE MENOS ESPACIO DISPONEN.

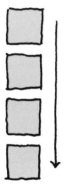

ESTA ESCRITURA PUEDE COMPONERSE DE FORMA TRADICIONAL, ES DECIR, DE ARRIBA ABAJO, O DE IZQUIERDA A DERECHA.

SIN LOS PROBLEMAS DE LAS MINÚSCULAS LATINAS QUE HEMOS VISTO ANTES.

¡B'ENMAL!

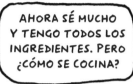

AHORA SÉ MUCHO Y TENGO TODOS LOS INGREDIENTES. PERO ¿CÓMO SE COCINA?

HEMOS HABLADO DE LA COMPOSICIÓN.

PERO TÚ QUIERES QUE TE HABLE UN POCO DE RECETAS Y NORMAS, ¿SÍ?

¡SÍ! QUIERO SABER LO QUE ESTÁ BIEN Y LO QUE ESTÁ MAL.

LO SIENTO, TILDE, LA ÚNICA NORMA QUE CONOZCO DICE QUE NO HAY NORMAS.

HUM... ¿CÓMO SE EMPIEZA A DISEÑAR ALGO?

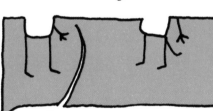

EN PRIMER LUGAR ES IMPORTANTE SABER QUÉ SE QUIERE COMUNICAR Y A QUIÉN. COMO DISEÑADOR, CONVIENE MIRAR Y ANALIZAR MUCHOS TRABAJOS. NO TIENEN POR QUÉ SER LOS MÁS BONITOS: CADA PIEZA DE COMUNICACIÓN VISUAL QUE SE CRUZA EN NUESTRO CAMINO, AUN LA MÁS ANODINA EN APARIENCIA, NOS ENSEÑA ALGO ACERCA DE LA TIPOGRAFÍA.

O SEA: OBSERVAR CON ATENCIÓN...

... Y ENTENDER CÓMO FUNCIONA (O NO FUNCIONA) LA COMUNICACIÓN Y POR QUÉ.

¿A QUÉ TE REFIERES?

ME REFIERO A QUE LA RETÍCULA DEBE APOYAR A LAS IDEAS, ESTAR A SU SERVICIO, Y NO AL REVÉS. SI LA RETÍCULA PRECEDE A LAS IDEAS, ESTAS SE VEN LIMITADAS...

... Y EL RESULTADO ES UN DISEÑO SIN VIDA, POR MÁS QUE TENGA UNA RETÍCULA PERFECTA. EL CONTENIDO TIENE PREFERENCIA, Y LA RETÍCULA NO ES CONTENIDO.

¿SIGNIFICA ESTO QUE TÚ NO UTILIZARÍAS RETÍCULAS PARA DISEÑAR?

UNA RETÍCULA PUEDE SER MUY ÚTIL CUANDO HAY QUE DISEÑAR MUCHAS PÁGINAS, Y AÚN MÁS, CUANDO HAY QUE CREAR, P. EJ., UN CATÁLOGO O UN PERIÓDICO, QUE DEBE LLENARSE DE NUEVO CONTENIDO SIN CESAR. EN ESE CASO, LA RETÍCULA ES ÚTIL PORQUE NO HAY QUE ESTAR PENSANDO CADA VEZ EN UN MARCO DE TRABAJO.

MI CRÍTICA SE DIRIGE MÁS BIEN CONTRA LA TEORÍA DE QUE LA GEOMETRÍA PODRÍA SUSTITUIR A LAS IDEAS. SI HAY IDEAS, UNO PUEDE EMPEZAR A DARLES VIDA EN LAS PÁGINAS Y ADEMÁS UTILIZAR UNA RETÍCULA COMO HERRAMIENTA. NO COMO UNA JAULA, SINO COMO UNA SUPERFICIE DE JUEGO.

LA INVENCIÓN DE LOS SIGNOS DE PUNTUACIÓN TAL VEZ SEA LA INNOVACIÓN MÁS IMPORTANTE DE NUESTRO SISTEMA DE ESCRITURA DESDE QUE LOS GRIEGOS INTRODUJERON LAS VOCALES.

PUNTUACIÓN

QUIZÁSPORQUE UNAFRASESIN PUNTOSNICOMASES DIFÍCILCUANDONO IMPOSIBLEDELEER NOESASÍQUERIDO SRTIPO

EXACTO.
Y EL SIGNO DE PUNTUACIÓN MÁS IMPORTANTE ES INVISIBLE: EL ESPACIO EN BLANCO. RESULTA INCREÍBLE QUE ESTA FORMA DE SEPARAR LAS PALABRAS SEA UN INVENTO BASTANTE JOVEN.

IMAGÍNATELO: NO HABÍA ESPACIO ENTRE LAS PALABRAS, NI PUNTOS NI COMAS. NI COMILLAS NI GUIONES; NI SIGNOS DE INTERROGACIÓN NI DE EXCLAMACIÓN..., **¡NADA!** LAS LETRAS, SOLO MAYÚSCULAS, SE ESCRIBÍAN UNA DETRÁS DE OTRA.

DE HECHO, DURANTE MUCHO TIEMPO LO NORMAL FUE LA "SCRIPTIO CONTINUA", LA ESCRITURA SIN INTERRUPCIONES. Y ENCIMA SE TENÍA LA COSTUMBRE DE CAMBIAR DE DIRECCIÓN AL FINAL DE LA LÍNEA. EL LLAMADO BUSTROFEDON: SE ESCRIBE DE IZQUIERDA A DERECHA Y LUEGO DE DERECHA A IZQUIERDA, ETC. ¡COMO LOS BUEYES AL ARAR UN CAMPO!

PASADOUN ƎMODOTOTÁЯ DAVUELTAS

TAMPOCO ƎUꟼƧƎИƎIT LEERLOBUEY

CLARO QUE HAY OTROS SIGNOS DE PUNTUACIÓN DE LOS QUE NO PODEMOS PRESCINDIR, COMO EL PUNTO, EL APÓSTROFO Y EL PUNTO Y COMA.

¡ASÍ! PON FIN A LA FRASE.

¡MIRA! ¡UNA LETRA HA PASADO A MEJOR VIDA!

ESTO PASA CUANDO UNO NO SE DECIDE ENTRE EL PUNTO Y LA COMA...

¿SABES DE DÓNDE PROCEDE EL SIGNO DE INTERROGACIÓN? SE DESARROLLÓ EN EL SIGLO XVI EN INGLATERRA. SU FORMA PROCEDE DE LA ABREVIATURA DE LA PALABRA LATINA "QUAESTIO" (PREGUNTA), QUE SE REPRESENTABA CON UNA Q ESTILIZADA CON UNA O PEQUEÑA DEBAJO.

Y EL SIGNO DE EXCLAMACIÓN APARECIÓ ALGO MÁS TARDE. PROVIENE DE LA PALABRA LATINA "IO" (ALEGRÍA). SE ABREVIABA CON UNA I MAYÚSCULA SOBRE UNA O MINÚSCULA. CON EL TIEMPO, SU REPRESENTACIÓN SE FUE SIMPLIFICANDO HASTA LLEGAR AL SIGNO DE INTERROGACIÓN.

¡ALEGRÍA! PERO TAMBIÉN ¡HORROR!

ENTRE LOS CLÁSICOS DE LAS FAMILIAS DE SIGNOS DE PUNTUACIÓN TAMBIÉN DEBEMOS MENCIONAR LAS COMILLAS.

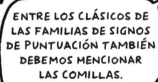

NO CABE DUDA DE QUE SON TEMA DE CONVERSACIÓN Y DISCUSIÓN RECURRENTE ENTRE TIPÓGRAFOS, PUES SU EMPLEO DIFIERE SEGÚN LAS CULTURAS.

SÍ, LAS COMILLAS DISTINTAS SON UN BUEN EJEMPLO DE LOS ERRORES QUE PODEMOS COMETER. VEN, EN LA PÁGINA SIGUIENTE HABLAREMOS A FONDO DE ESTE TEMA.

LAS COMILLAS SE UTILIZAN DESDE HARÁ UNOS 500 AÑOS. SE EMPLEAN PARA ACOTAR CITAS, PALABRAS EXTRANJERAS, EXPRESIONES IRÓNICAS, ETC.

LAMENTABLEMENTE, NO HAY NINGUNA CONVENCIÓN ACEPTADA UNIVERSALMENTE QUE DEFINA SU EMPLEO CORRECTO. POR ESO CASI TODOS LOS PAÍSES TIENEN SUS PROPIAS NORMAS, QUE A VECES NOS PARECEN PECULIARES...

DISTINTOS PAÍSES, DISTINTOS SIGNOS.

PERMÍTAME QUE ME EXPLIQUE: NOSOTROS EN INGLATERRA TENEMOS "THE TIMES", SABEMOS CÓMO SE USAN LAS «QUOTATION MARKS»:

"ASÍ" o 'ASÍ'.

OSO CONTRADECIRLE, QUERIDO AMIGO: NOSOTROS LOS ALEMANES TAMBIÉN TENEMOS „DIE ZEIT" Y »DIN«. SABEMOS MUY BIEN LO QUE SON LAS ›COMILLAS DE APERTURA Y DE CIERRE‹ Y CÓMO EMPLEARLAS ‚CORRECTAMENTE'. DE AHÍ QUE...

„ASÍ", ‚ASÍ', »ASÍ« o ›ASÍ‹!

LOS FRANCESES DEJAN UN ESPACIO ENTRE LAS COMILLAS Y EL CONTENIDO.

LAS UNIDADES DE MEDIDA CON LAS QUE SE DEFINE LA ALTURA DE LOS CARACTERES SON DISTINTAS EN EUROPA Y EE. UU. POR RAZONES HISTÓRICAS, LOS EUROPEOS UTILIZAN EL PUNTO DIDOT (0,376 MM), Y LOS ESTADOUNIDENSES, LA PICA (0,351 MM).

OTRA DIFERENCIA ES EN QUÉ DIRECCIÓN SE ESCRIBE: EL ÁRABE Y EL HEBREO SE ESCRIBEN DE DERECHA A IZQUIERDA; EL CHINO, DE ARRIBA ABAJO, AUNQUE TAMBIÉN DE IZQUIERDA A DERECHA, COMO TODAS LAS ESCRITURAS LATINAS.

LOS ESTADOUNIDENSES UTILIZAN UN GUIÓN LARGO O RAYA PEGADO A LA PALABRA QUE ACOTAN PARA LOS INCISOS DE PENSAMIENTO. EN CASTELLANO HAY SIGNOS DE INTERROGACIÓN (¿) Y DE EXCLAMACIÓN (¡) TAMBIÉN AL PRINCIPIO DE LA FRASE... CUANDO SE PREVÉ AL FINAL SU PAREJA CORRESPONDIENTE.

LOS TIPÓGRAFOS DEL ÁMBITO ANGLOSAJÓN Y LOS DEL RESTO DE EUROPA TAMPOCO CONCUERDAN RESPECTO A LA DISPOSICIÓN DE LA LEYENDA DE LOS LOMOS DE LOS LIBROS.

ASCII Y UNICODE

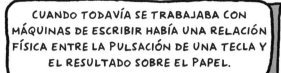

CUANDO TODAVÍA SE TRABAJABA CON MÁQUINAS DE ESCRIBIR HABÍA UNA RELACIÓN FÍSICA ENTRE LA PULSACIÓN DE UNA TECLA Y EL RESULTADO SOBRE EL PAPEL.

¡AY!

ESTO HA CAMBIADO CON EL ORDENADOR: LAS TECLAS PUEDEN DESEMPEÑAR VARIAS FUNCIONES Y DAR DISTINTOS GLIFOS.

¿CÓMO SABE EL ORDENADOR QUÉ SIGNO QUIERO QUE ME DÉ CUANDO PULSO EL TECLADO?

SABEMOS MÁS DE LO QUE CREES...

TODOS LOS GLIFOS ESTÁN CODIFICADOS. EL ORDENADOR NO BUSCA UNA **A**, SINO SU CÓDIGO. AL PRINCIPIO HABÍA UN CÓDIGO MUY SENCILLO LLAMADO ASCII. * CON ESTE CÓDIGO DE 7 BITS SOLO SE CONSEGUÍA DEFINIR 128 SIGNOS, 33 DE LOS CUALES NO SE PODÍAN IMPRIMIR.

EL ASCII ERA ALGO PATOSO Y TENÍA UNA CANTIDAD MUY LIMITADA DE SIGNOS, QUE SOLO SERVÍAN PARA EL INGLÉS.

¡NI SIQUIERA CONOCÍA LA ESZETT ALEMANA!

¿PATOSO?¡ QUERRÁ DECIR PASMOSO!

EN EE. UU. NO LA NECESITAMOS.

EXACTO. PERO HOY LOS ORDENADORES SE UTILIZAN EN TODO EL MUNDO Y TIENEN QUE FUNCIONAR PARA TODAS LA LENGUAS Y SISTEMAS DE ESCRITURA.

¿PAPÁ?

ASCII NO ERA SUFICIENTE. SE DESARROLLARON OTROS CÓDIGOS, PERO TAMPOCO SOLUCIONABAN EL PROBLEMA. PUESTO QUE DEPENDÍAN DEL SISTEMA OPERATIVO Y DE LA LENGUA, EN EL INTERCAMBIO DE DATOS SOLÍAN PRODUCIRSE UNOS LÍOS PASMOSOS.

¿PASMOSOS O PATOSOS?

*EL AMERICAN STANDARD CODE FOR INFORMATION INTERCHAGE FUE CREADO EN 1963 POR LA AMERICAN STANDARD ASSOCIATION (ASA, EL ORGANISMO NORMALIZADOR DE LOS YANQUIS).

SÍ. LA ESCRITURA, QUE ANTES ERA ANALÓGICA, AHORA ES DIGITAL.

LA FORMA DE LA ESCRITURA SE DEFINE MEDIANTE FÓRMULAS MATEMÁTICAS QUE DETERMINAN SU APARIENCIA EN LA PANTALLA Y EN LA IMPRESIÓN.

EL PROBLEMA RADICA EN QUE LAS FORMAS DE LAS LETRAS TIENEN QUE AJUSTARSE A UNA DETERMINADA REJILLA DE PÍXELES. LA FINURA DE LA REJILLA SUELE SER SUFICIENTE PARA GARANTIZAR LA CALIDAD DE LA REPRODUCCIÓN AL IMPRIMIR.

EN LA PANTALLA SE VE DE OTRO MODO. LA RESOLUCIÓN ES MUCHO MÁS LIMITADA. CUANDO EL TAMAÑO DE LOS TIPOS ES PEQUEÑO, A VECES SE DISPONE DE POCOS PÍXELES PARA REPRESENTAR LAS LETRAS.

SUPONGAMOS QUE EN NUESTRA ESCRITURA LA N MINÚSCULA DE 9 PT DEBERÍA TENER UN ANCHO DE ASTA DE 1,5 PÍXELES. NO ES POSIBLE.

¿POR QUÉ?

FÍSICAMENTE ES IMPOSIBLE DIVIDIR EL PÍXEL. ASÍ QUE TENEMOS QUE USAR UN PÍXEL O DOS.

¿DÓNDE ESTÁ EL PROBLEMA?

LA LETRA SE VERÁ MÁS GRUESA O MÁS DELGADA SI NO SE OPTIMIZA ESPECIALMENTE PARA SU REPRODUCCIÓN EN LA PANTALLA. LAS ASTAS, CURVAS Y SERIFAS PUEDEN INCLUSO DIFERIR DE UNA LETRA A OTRA.

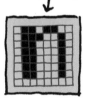

¡SERÍA HORRIBLE! PERO CON AYUDA DEL HINTING (ASÍ SE LLAMA LA OPTIMIZACIÓN) SE DEFINEN PARÁMETROS QUE CONTRIBUYEN A QUE EL ORDENADOR REPRESENTE FORMAS IGUALES O PARECIDAS SIEMPRE CON EL MISMO NÚMERO DE PÍXELES.

ASÍ SE GARANTIZA CIERTA UNIFORMIDAD EN EL CARÁCTER DE LA LETRA.

¿Y YO QUÉ GANO?

¿PÍXELES MÁS BONITOS...?

SI BIEN EN LA TECNOLOGÍA DIGITAL SURGE ALGÚN PROBLEMA QUE OTRO, ESTA TAMBIÉN BRINDA GRANDES OPORTUNIDADES PARA LA TIPOGRAFÍA: MUCHAS COSAS QUE CON TECNOLOGÍAS MÁS ANTIGUAS ERAN IMPOSIBLES O SE HACÍAN CON MUCHO ESFUERZO, SE SOLUCIONAN EN UN ORDENADOR CON MUCHA FACILIDAD Y COMODIDAD.

UNA ÚNICA PÓLIZA, O FUENTE, PUEDE CONTENER HOY MILES DE SIGNOS PARA TODOS LOS MATICES TIPOGRÁFICOS POSIBLES Y PARA TODAS LAS LENGUAS DEL MUNDO.

¡ASÍ ES!

CON UNA LINOTIPIA SE HABRÍAN NECESITADO CIENTOS DE MOLDES Y TENER QUE CAMBIARLOS SIN PARAR.

Y CON LA COMPOSICIÓN MANUAL EN PLOMO SE HABRÍA LLENADO TODA UNA NAVE CON LOS TIPOS DE PLOMO DE UN SISTEMA DE ESCRITURA DETERMINADO EN LOS DISTINTOS CUERPOS.

EN EL ORDENADOR, EN CAMBIO, SE PUEDE UTILIZAR UNA SOLA FUENTE,* O PÓLIZA, DIRECTAMENTE EN TODOS TAMAÑOS.

ADEMÁS, EL ORDENADOR DOMINA SIN ESFUERZO TODAS LAS DIRECCIONES DE LA ESCRI-TURA; ES IDEAL PARA NUESTRA SOCIEDAD MULTICULTURAL.

¡CON TODAS LAS POSIBILIDADES DE LA TIPOGRAFÍA DEL DETALLE!**

Y CON EL ORDENADOR SE CORRIGEN LOS ERRORES MÁS FÁCILMENTE.

¡DE HECHO, LOS ERRORES ES LO ÚNICO QUE TODAVÍA LOGRÁIS HACER SIN MI AYUDA! ¡JA, JA, JA!

* UNA FUENTE (DIGITAL), O PÓLIZA, ES UN ARCHIVO DE DATOS QUE CONTIENE UN CONJUNTO DE GLIFOS QUE, POR REGLA GENERAL, PERTENECEN A UNA MISMA FAMILIA Y SISTEMA DE ESCRITURA.
** POR TIPOGRAFÍA DEL DETALLE SE ENTIENDE LA COMPOSICIÓN TIPOGRÁFICA ESPECIALMENTE PRIMOROSA, QUE ATIENDE, P. EJ., A LA SEPARACIÓN CORRECTA DE PALABRAS, AL AJUSTE DEL ESPACIADO, DEL INTERLINEADO, LA PROSA Y LOS ACOMPLAMIENTOS, ETC.

TODAVÍA TIENES QUE CONTARME QUÉ SON LAS **FUENTES WEB.**

ESTE ES EL PASO MÁS GRANDE QUE HA DADO LA ESCRITURA.

BUENO, DE LA ESCRITURA A LA IMPRESIÓN O DE LO ANALÓGICO A LO DIGITAL... ¡ESOS YA HAN SIDO CAMBIOS ENORMES!

VALE, DE ACUERDO. PUEDE QUE CON EL ENTUSIASMO HAYA EXAGERADO UN POCO...

HASTA QUE SE INTRODUJERON LAS FUENTES WEB, EL DISEÑADOR SOLO PODÍA DAR UNA RECOMENDACIÓN PARA LAS PÁGINAS WEB. ERA IMPREVISIBLE SABER CON QUÉ LETRA CONFECCIONARÍA EL USUARIO LOS TEXTOS EN REALIDAD. FIJADOS POR FIN LOS FORMATOS DE FUENTES, PUEDE DETERMINARSE QUÉ LETRA SERÁ LA INDICADA.

¿Y SI EL USUARIO NO TIENE ESA LETRA EN EL ORDENADOR?

AHÍ ESTÁ LA GRACIA: NO NECESITA TENER LA LETRA, ESTÁ EN UN SERVIDOR.

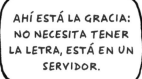

¿CÓMO LAS IMÁGENES DE UNA PÁGINA WEB?

MÁS O MENOS. CUANDO EL USUARIO ACCEDA A UNA PÁGINA, LA ESCRITURA IRÁ UNIDA A ELLA Y SERÁ SUMINISTRADA CON ELLA. POR ESO EL TEXTO NO SE TIENE QUE CONVERTIR A UNA IMAGEN Y SE ENCUENTRA CON BUSCADORES.

¿SE PUEDE COPIAR TAMBIÉN EL TEXTO?

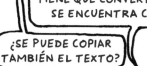

SÍ, PERO LA LETRA NO. ESTA SEGURO QUE NO SALE DEL SERVIDOR.

TENGO QUE IR AL BAÑO...

la TIPOGRAFÍA INTELIGENTE

MUCHOS DISEÑADORES NO HACEN NADA. OTROS PIENSAN QUE BASTARÍA CON APLICAR EL LLAMADO "RESPONSIVE DESIGN" PARA SUS PÁGINAS WEB, Y ASÍ ESTAS PODRÍAN RESPONDER A LOS CAMBIOS: LA BARRA DE NAVEGACIÓN VARÍA SU TAMAÑO, Y EN LUGAR DE UNA MAQUETA DE 3 COLUMNAS, TIENES UNA DE 5 O SOLO DE 1 COLUMNA; ALGUNOS ELEMENTOS SE CIERRAN, ETC.

HOLA

HOLA

HOLA

¿Y NO BASTA ESTO JUNTO CON LAS FUENTES WEB?

NO, MIENTRAS LA TIPOGRAFÍA NO PUEDA RESPONDER A LA NUEVA SITUACIÓN: LA LETRA ES DEMASIADO PEQUEÑA, DEMASIADO FINA, DEMASIADO GRANDE, DEMASIADO GRUESA O ESTÁ DEMASIADO APRETADA.

¿PUEDE AJUSTARSE ASÍ, DE FORMA INTELIGENTE, LA TIPOGRAFÍA?

EN RESUMEN: NO TIENE EL ASPECTO QUE EL DISEÑADOR QUERRÍA. POR ESO DEFINO LOS PARÁMETROS QUE OPTIMIZAN EL ASPECTO Y LA LEGIBILIDAD.

SÍ, DE FORMA TAN INTELIGENTE COMO HAYA ESTABLECIDO LOS PARÁMETROS EL DISEÑADOR.

PUEDO PROGRAMAR CAMBIOS EN EL TAMAÑO DE LA LETRA, INTERLINEADO E INTERLETRAJE, COLORES E INCLUSO EL TIPO DE LETRA.

¡SEA COMO SEA, NI SIQUIERA LOS BRAZOS DE KALI* TE BASTARÍAN PARA TODOS LOS ISPOSITIVOS DE SALIDA, TILDE!

EN ESO LLEVAS RAZÓN, PERO TAMPOCO ES NECESARIO: INTENTAMOS HACER LO MEJOR...

... DENTRO DE NUESTRAS POSIBILIDADES HUMANAS.

¿HUMANAS? ¡TE REFIERES A POSIBILIDADES ANIMALES! POR CIERTO, QUÍTAME TODOS ESTOS TRASTOS DE ENCIMA, LOS MÚSCULOS YA NO ME RESPONDEN...

*DIVINIDAD INDIA CON MUCHOS BRAZOS QUE PODRÍA PASAR POR LA PATRONA DE LOS MALABARISTAS.

CADA VEZ HAY MÁS DISEÑADORES QUE SE OCUPAN DE DESARROLLAR NUEVAS LETRAS. SU CREATIVIDAD YA NO SE VE LIMITADA POR LOS INTERESES TÉCNICOS Y ECONÓMICOS: SON MUCHO MÁS LIBRES QUE NOSOTROS HACE 30 AÑOS.

¿HA LLEGADO LA ESCRITURA AL FINAL DE SU EVOLUCIÓN?

¡EN ABSOLUTO!

SÍ, NO TIENEN QUE CARGAR CON UNA TONELADA DE PLOMO SI QUIEREN TRABAJAR EN UN CAFÉ...

ADEMÁS SIEMPRE SE ENCUENTRAN NUEVAS POSIBILIDADES DE EXPRESAR LAS PROPIAS IDEAS.

MIRA, TILDE, ESTE GRAFITI ES UN BUEN EJEMPLO.

¡PERO SI ESTO NO ES MÁS QUE UN GARABATO...!

SÍ Y NO.

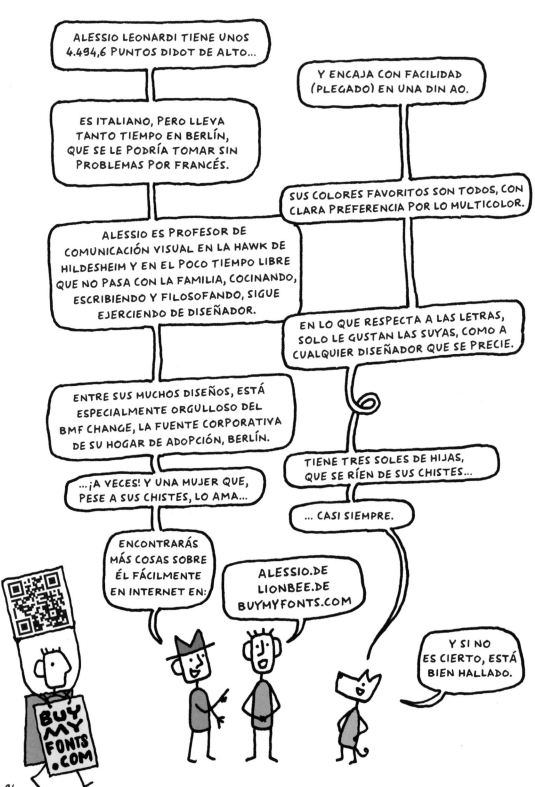

TÍTULO ORIGINAL:
Mr. Typo und der Schatz der Gestaltung
PUBLICADO ORIGINALMENTE EN 2013
POR VERLAG HERMANN SCHMIDT

ILUSTRACIONES, DISEÑO Y TEXTO:
ALESSIO LEONARDI, LION&BEE, BERLÍN
TIPOGRAFÍAS:
BMF COMICALE FLIP, FF HANDWRITER

© DE LA TRADUCCIÓN: SUSANA ANDRÉS
© VERLAG HERMANN SCHMIDT & EL AUTOR, 2013
   PARA LA EDICIÓN CASTELLANA:
© EDITORIAL GUSTAVO GILI, SL, BARCELONA, 2016

ISBN 978-84-252-2884-1

EDITORIAL GUSTAVO GILI, SL
VIA LAIETANA 47, 2º, 08003 BARCELONA, ESPAÑA.
TEL. (+34) 933228161
VALLE DE BRAVO 21, 53050 NAUCALPAN, MÉXICO.
TEL. (+52) 5555606011

No se debería querer
prever el futuro,
sino hacerlo posible.
ANTOINE DE SAINT-EXUPÉRY

IMPRESO EN CHINA, CON AMOR